Impressum
Verlag: BABADADA GmbH, Nedderfeld 112 , 22529 Hamburg
Geschäftsführer / Verlagsleitung: Harald Hof
Druck: Books on Demand GmbH, In de Tarpen 42, 22848 Norderstedt

Imprint
Publisher: BABADADA GmbH, Nedderfeld 112 , 22529 Hamburg, Germany
Managing Director / Publishing direction: Harald Hof
Print: Books on Demand GmbH, In de Tarpen 42, 22848 Norderstedt, Germany

skóli

ysgol

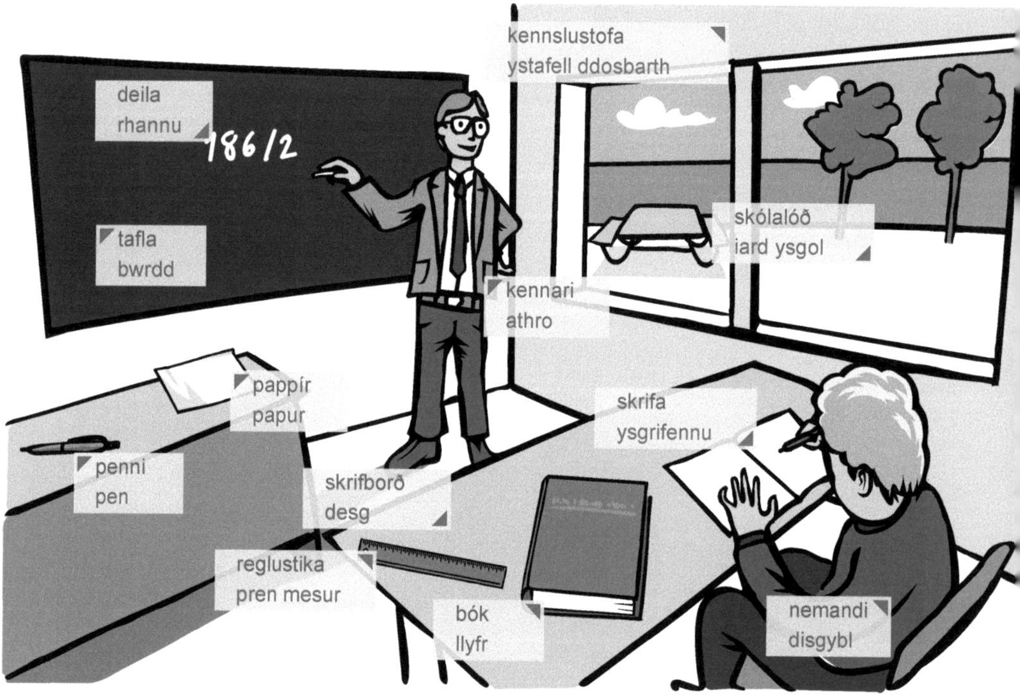

kennslustofa
ystafell ddosbarth
deila
rhannu
186/2
tafla
bwrdd
skólalóð
iard ysgol
kennari
athro
pappír
papur
skrifa
ysgrifennu
penni
pen
skrifborð
desg
reglustika
pren mesur
bók
llyfr
nemandi
disgybl

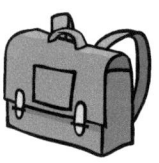

skólataska

bag ysgol

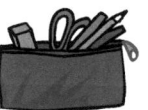

pennaveski

blwch penseli

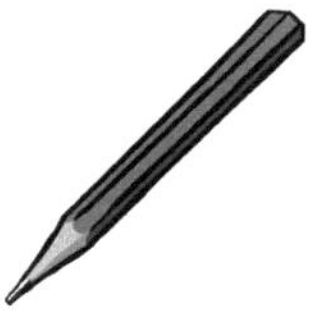

blýantur

pensil

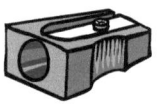

yddari

peth rhoi min ar bensil

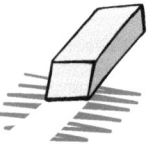

strokleður

rwber

teikniblað

pad arlunio

teikning
llun

pensill
brws paent

litakassi
blwch paent

skæri
siswrn

lím
glud

æfingabók
llyfr ysgrifennu

heimavinna
gwaith cartref

númer
rhif

leggja saman
ychwanegu

draga frá
tynnu

margfalda
lluosi

reikna
cyfrifo

bréf
llythyren

stafróf
gwyddor

órð
gair

texti
testun

lesa
darllen

krít
sialc

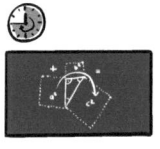

kennslustund
gwers

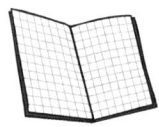

kladdi
cofrestr

próf
arholiad

vottorð
tystysgrif

skólabúningur
gwisg ysgol

menntun
addysg

alfræðirit
gwyddoniadur

háskóli
prifysgol

smásjá
microsgop

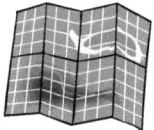

kort
map

ruslakarfa
basged papur gwastraff

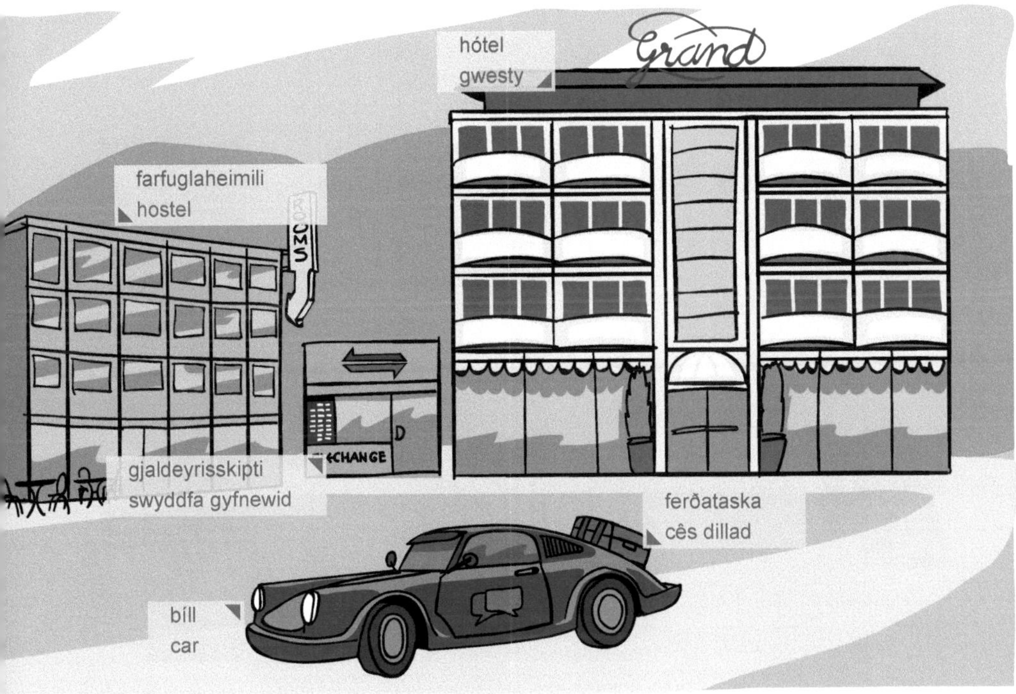

hótel
gwesty
Grand
farfuglaheimili
hostel
ROOMS
EXCHANGE
gjaldeyrisskipti
swyddfa gyfnewid
ferðataska
cês dillad
bíll
car

tungumál

iaith

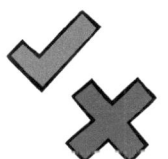

já / nei

ie / na

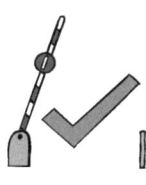

allt í lagi

iawn

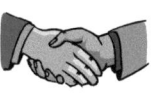

halló

helo

þýðandi

cyfieithydd

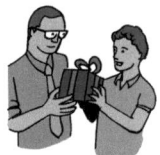

takk fyrir

Diolch yn fawr

hvað kostar...?

faint yw ...?

Ég skil ekki

Dw i ddim yn deall

vandamál

problem

Gott kvöld!

Noswaith dda!

Góðan dag!

Bore da!

Góða nótt!

Nos da!

bless bless

hwyl

átt

cyfarwyddyd

farangur

bagiau

taska

bag

bakpoki

gwarbac

gestur

gwestai

herbergi

ystafell

svefnpoki

sach gysgu

tjald

pabell

upplýsingamiðstöð

gwybodaeth i ymwelwyr

strönd

traeth

kreditkort

cerdyn credyd

morgunverður

brecwast

hádegisverður

cinio

kvöldmatur

swper

farmiði

tocyn

lyfta

lifft

frímerki

stamp

landamæri

ffin

tollur

tollau

sendiráð

llysgenhadaeth

vegabréfsáritun

fisa

vegabréf

pasbort

samgöngur
cludiant

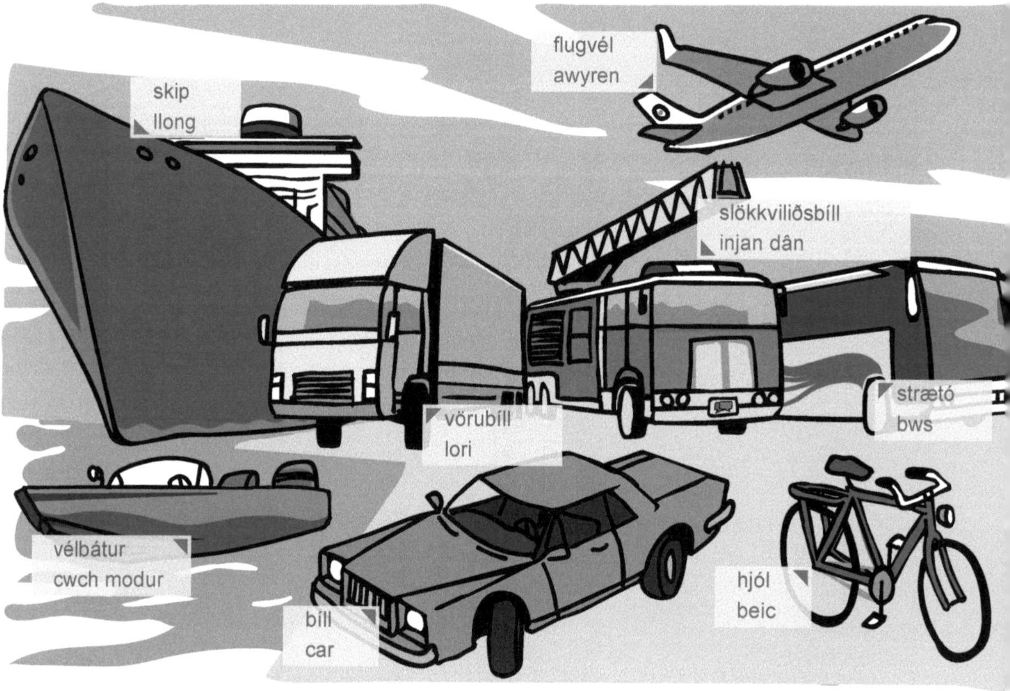
flugvél
awyren
skip
llong
slökkviliðsbíll
injan dân
vörubíll
lori
strætó
bws
vélbátur
cwch modur
hjól
beic
bíll
car

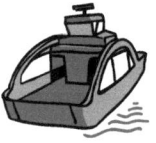

ferja
fferi

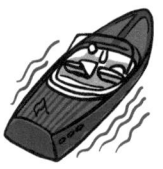

bátur
cwch

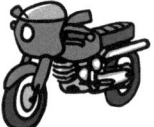

mótorhjól
beic modur

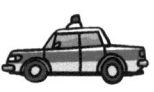

lögreglubíll
car yr heddlu

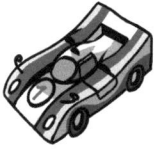

kappakstursbíll
car rasio

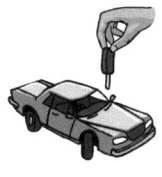

bílaleigubíll
car wedi'i rentu

bílasamneyti

rhannu car

dráttarbíll

lori tynnu

öskubíll

lori ysbwriel

vél

modur

eldsneyti

tanwydd

bensínstöð

gorsaf betrol

umferðarskilti

arwydd traffig

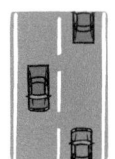

umferð

traffig

umferðarteppa

tagfa draffig

bílastæði

maes parcio

lestarstöð

gorsaf drennau

járnbrautarteinar

traciau

lest

trên

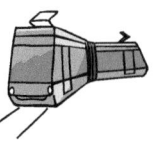

sporvagn

tram

vagn

wagen

þyrla
hofrennydd

flugvöllur
maes awyr

turn
tŵr

farþegi
teithiwr

gámur
cynhwysydd

pappakassi
paced

kerra
cert

karfa
basged

takast á loft / lenda
esgyn / glanio

borg
dinas

þorp
pentref

miðbær
canol y ddinas

hús
tŷ

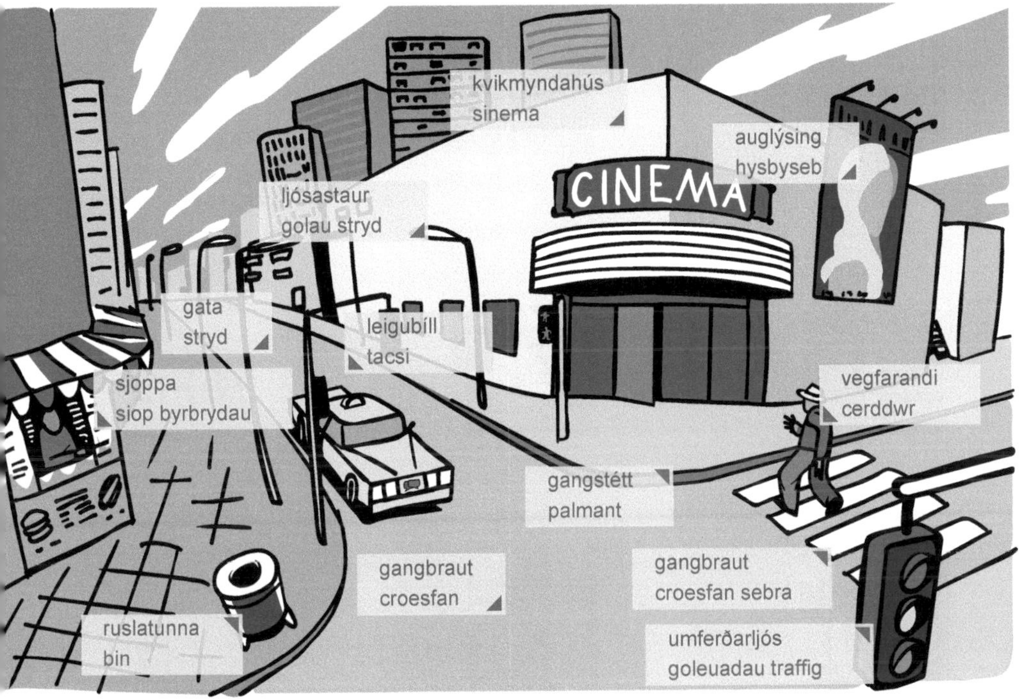

kvikmyndahús
sinema

auglýsing
hysbyseb

ljósastaur
golau stryd

CINEMA

gata
stryd

leigubíll
tacsi

sjoppa
siop byrbrydau

vegfarandi
cerddwr

gangstétt
palmant

gangbraut
croesfan

gangbraut
croesfan sebra

ruslatunna
bin

umferðarljós
goleuadau traffig

skáli
....
cwt

íbúð
....
fflat

lestarstöð
....
gorsaf drennau

ráðhús
....
neuadd y dref

safn
....
amgueddfa

skóli
....
ysgol

háskóli

prifysgol

banki

banc

sjúkrahús

ysbyty

hótel

gwesty

apótek

fferyllfa

skrifstofa

swyddfa

bókabúð

siop lyfrau

búð

siop

blómabúð

siop flodau

kjörbúð

archfarchnad

markaður

farchnad

stórmarkaður

siop adrannol

fiskbúð

siop bysgod

verslunarmiðstöð

canolfan siopa

höfn

harbwr

almenningsgarður

parc

bekkur

banc

brú

pont

stigi

grisiau

neðanjarðarlest

rheilffordd danddaearol

göng

twnnel

biðstöð

safle bws

bar

bar

veitingastaður

bwyty

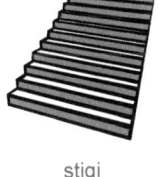

póstkassi

blwch post

götuskilti

arwydd stryd

stöðumælir

mesurydd parcio

dýragarður

sŵ

sundlaug

pwll nofio

moska

mosg

bær
....
fferm

mengun
....
llygredd

kirkjugarður
....
mynwent

kirkja
....
eglwys

leiksvæði
....
maes chwarae

musteri
....
teml

landslag
tirwedd

laufblað
deilen

leiðarvísir
arwydd cyfeirio

leið
ffordd

engi
dôl

steinn
carreg

göngufólk
heiciwr

tré
coeden

á
afon

gras
glaswellt

blóm
blodyn

dalur

cwm

hæð

bryn

stöðuvatn

llyn

skógur

coedwig

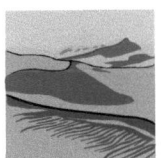

eyðimörk

anialwch

eldfjall

llosgfynydd

kastali

castell

regnbogi

enfys

sveppur

madarchen

pálmatré

palmwydden

moskítófluga

mosgito

fluga

pryf

maur

morgrugyn

býfluga

gwenyn

kónguló

pryf copyn

bjalla
chwilen

froskur
llyffant

íkorni
gwiwer

broddgöltur
draenog

héri
ysgyfarnog

ugla
tylluan

fugl
aderyn

svanur
alarch

villisvín
baedd

dádýr
carw

elgur
elc

stífla
argae

vindmylla
tyrbin gwynt

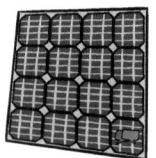

sólarrafhlaða
panel haul

loftslag
hinsawdd

16   landslag - tirwedd

veitingastaður
bwyty

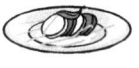

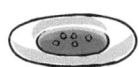

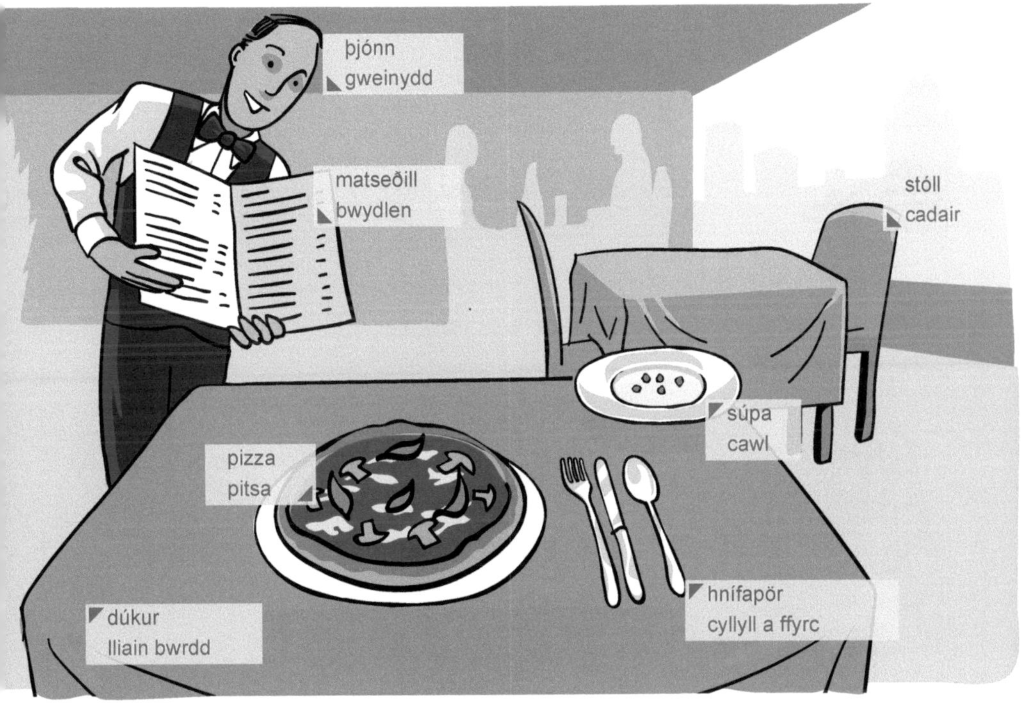

þjónn
gweinydd
matseðill
bwydlen
stóll
cadair
súpa
cawl
pizza
pitsa
hnífapör
cyllyll a ffyrc
dúkur
lliain bwrdd

forréttur

cwrs cyntaf

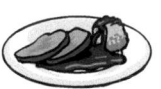

aðalréttur

prif gwrs

eftirréttur

pwdin

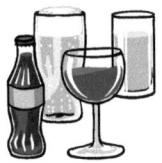

drykkir

diodydd

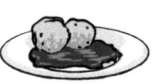

matur

bwyd

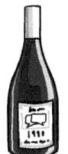

flaska

potel

skyndibiti

bwyd cyflym

götumatur

bwyd y stryd

teketill

tebot

sykurskál

powlen siwgr

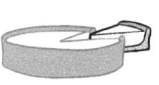

skammtur

dogn

espressovél

peiriant espresso

barnastóll

cadair plentyn

reikningur

bil

bakki

hambwrdd

hnífur

cyllell

gaffall

fforc

skeið

llwy

teskeið

llwy de

servíetta

napcyn

glas

gwydr

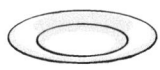

diskur
plât

súpudiskur
plât cawl

undirskál
soser

sósa
saws

saltstaukur
pot halen

piparkvörn
melin bupur

edik
finegr

olía
olew

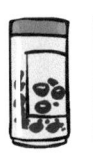

krydd
sbeisys

tómatsósa
saws coch

sinnep
mwstard

majónes
mayonnaise

kjörbúð

archfarchnad

tilboð
cynnig arbennig
FOR
viðskiptavinur
cwsmer
mjólkurvörur
cynnyrch llaeth
ávöxtur
ffrwythau
búðarkerra
troli

BUTCHERS

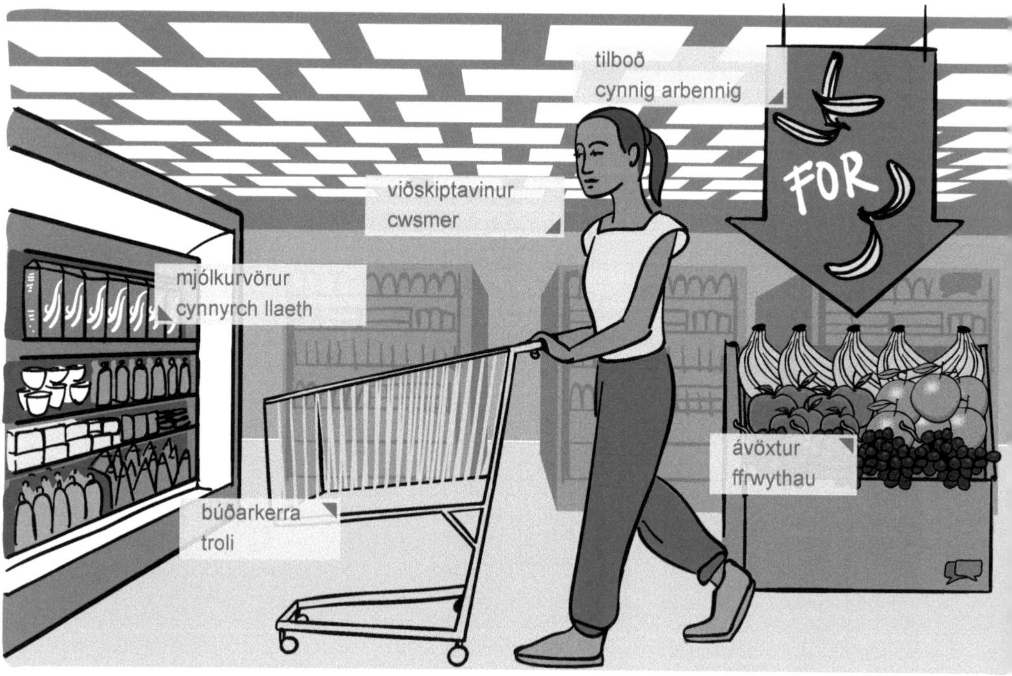

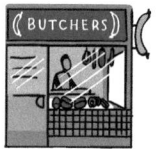

slátrari

siop gig

BAKERY

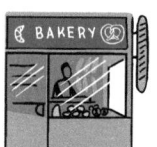

bakarí

siop fara

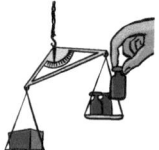

vega

pwyso

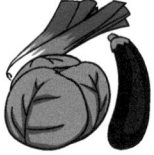

grænmeti

llysiau

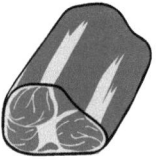

kjöt

cig

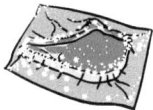

frosinn matur

Bwyd wedi'i rewi

kjötálegg

cig oer

niðursoðinn matur

bwyd tun

þvottaefni

powdr golchi

sælgæti

da-da

vörur til heimilisnota

cynnyrch cartref

hreinsiefni

cynhyrchion glanhau

afgreiðslukona

gwerthwraig

afgreiðslukassi

til

gjaldkeri

ariannwr

innkaupalisti

rhestr siopa

opnunartímar

oriau agor

veski

waled

kreditkort

cerdyn credyd

poki

bag

plastpoki

bag plastig

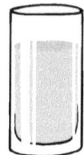

vatn

dŵr

safi

sudd

mjólk

llefrith

kók

côc

vín

gwin

bjór

cwrw

áfengi

alcohol

kakó

coco

te

te

kaffi

coffi

espresso

espresso

kaffi

cappuccino

banani

ffrwchledd

epli

afal

appelsínugulur

oren

melóna

melon

sítróna

lemwn

gulrót

moronen

hvítlaukur

garlleg

bambus

bambŵ

laukur

nionyn

sveppir

madarchen

hnetur

cnau

núðlur

nwdls

spagettí

sbageti

hrísgrjón

reis

salat

salad

franskar kartöflur

sglodion

steiktar kartöflur

tatws wedi'u ffrïo

pizza

pitsa

hamborgari

hambyrger

samloka

brechdan

snitsel

cytled

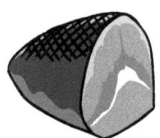

skinka

ham

salami

salami

pylsa

selsig

kjúklingur

cyw iâr

steik

rhost

fiskur

pysgodyn

haframjöl

ceirch uwd

múslí

miwsli

kornflögur

creision ŷd

hveiti

blawd

franskt horn

croissant

smábrauð

bynsen

brauð

bara

ristað brauð

tost

kex

bisgedi

smjör

menyn

ystingur

ceuled

kaka

teisen

egg

wy

spælt egg

wy wedi'i ffrïo

ostur

caws

ís

hufen iâ

sykur

siwgr

hunang

mêl

sulta

jam

súkkulaðiálegg

siocled taenu

karrý

cyri

bær
fferm

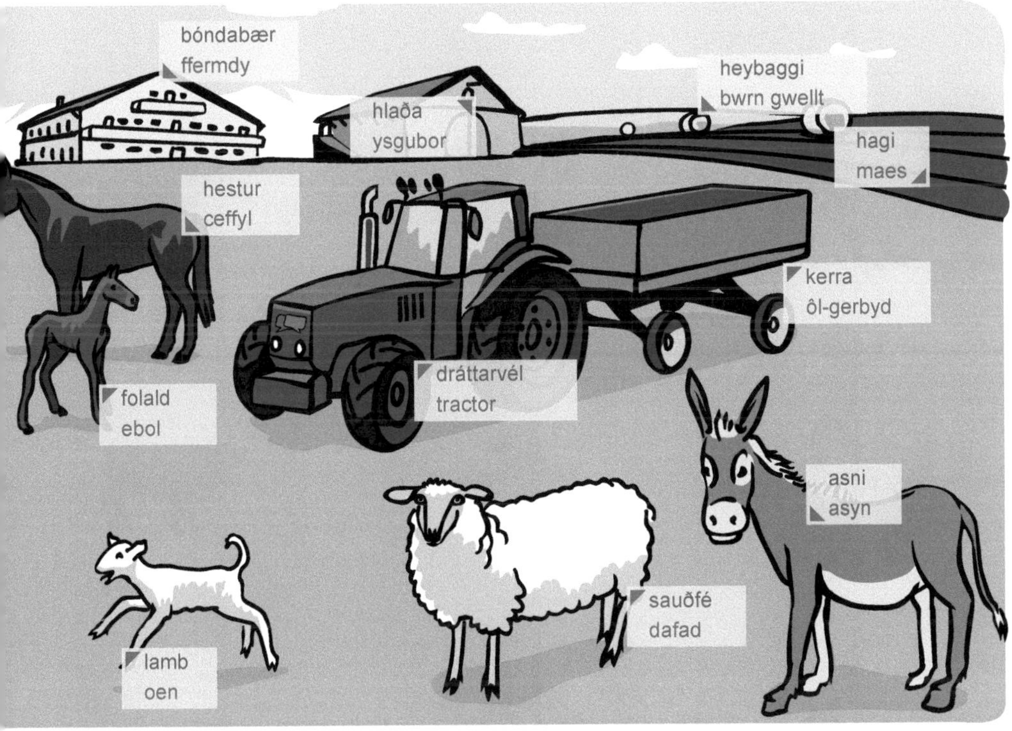

bóndabær
ffermdy
hlaða
ysgubor
heybaggi
bwrn gwellt
hagi
maes
hestur
ceffyl
kerra
ôl-gerbyd
folald
ebol
dráttarvél
tractor
asni
asyn
sauðfé
dafad
lamb
oen

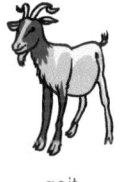

geit
gafr

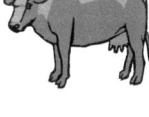

kýr
buwch

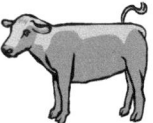

kálfur
llo

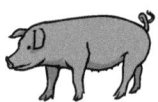

svín
mochyn

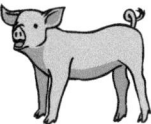

grís
porchell

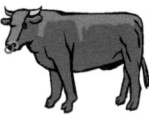

naut
tarw

gæs
gwydd

önd
hwyaden

ungi
cyw

hæna
iâr

hani
ceiliog

rotta
llygoden fawr

köttur
cath

mús
llygoden

uxi
ych

hundur
ci

hundakofi
cwt ci

garðslanga
pibell ddŵr

garðkanna
can dŵr

ljár
pladur

plógur
aradr

sigð
cryman

hlújárn
fforch chwynu

heygaffall
picwarch

öxi
bwyell

hjólbörur
berfa

trog
cafn

mjólkurfata
tun llefrith

poki
sach

girðing
ffens

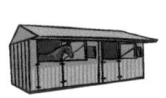

gripahús
stabl

gróðurhús
tŷ gwydr

jarðvegur
pridd

fræ
hedyn

áburður
gwrtaith

kornskurðarvél
dyrnwr medi

uppskera
......
cynaeafu

uppskera
......
cynhaeaf

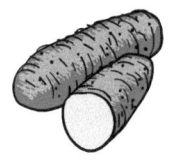

kínverskar kartöflur
......
iamau

hveiti
......
gwenith

soja
......
soi

kartafla
......
tysen

maís
......
grawn

repja
......
had rêp

ávaxtatré
......
coeden ffrwythau

maníókarót
......
manioc

korn
......
grawnfwydydd

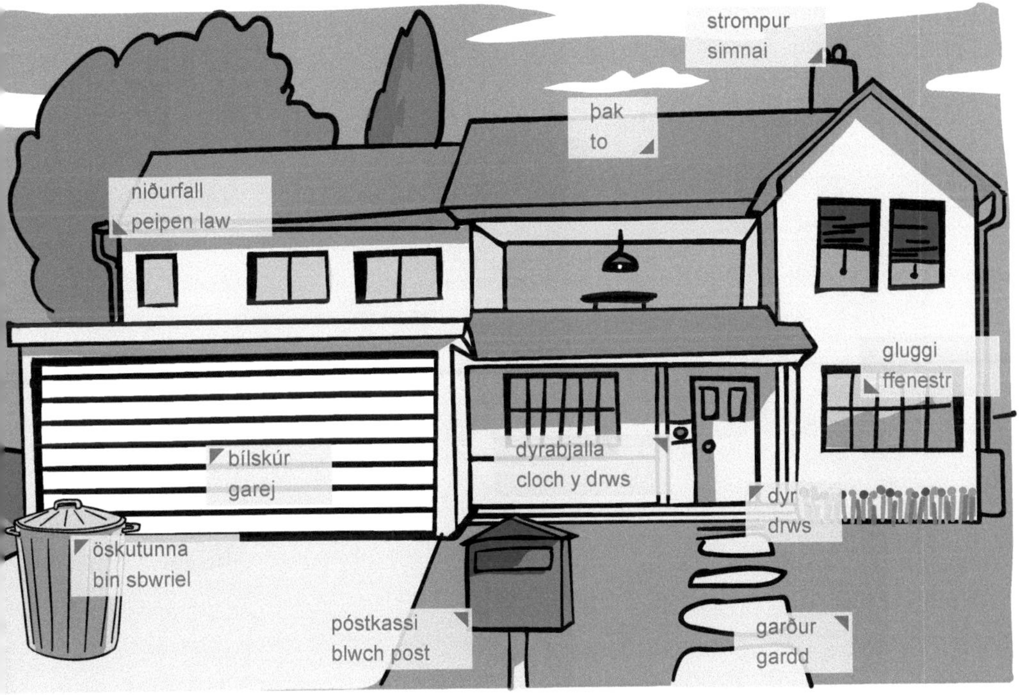

strompur
simnai

þak
to

niðurfall
peipen law

gluggi
ffenestr

bílskúr
garej

dyrabjalla
cloch y drws

dyr
drws

öskutunna
bin sbwriel

póstkassi
blwch post

garður
gardd

stofa

lolfa

baðherbergi

ystafell ymolchi

eldhús

cegin

svefnherbergi

ystafell wely

barnaherbergi

ystafell plentyn

borðstofa

ystafell fwyta

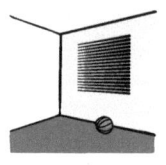

gólf
....
llawr

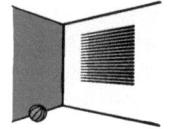

veggur
....
wal

loft
....
nenfwd

kjallari
....
seler

gufubað
....
sawna

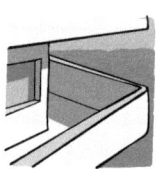

svalir
....
balconi

verönd
....
teras

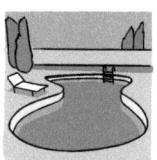

sundlaug
....
pwll

sláttuvél
....
peiriant torri gwair

lak
....
taflen

rúmteppi
....
gorchudd gwely

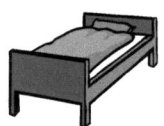

rúm
....
gwely

kústur
....
ysgub

fata
....
bwced

rofi
....
swits

stofa
lolfa

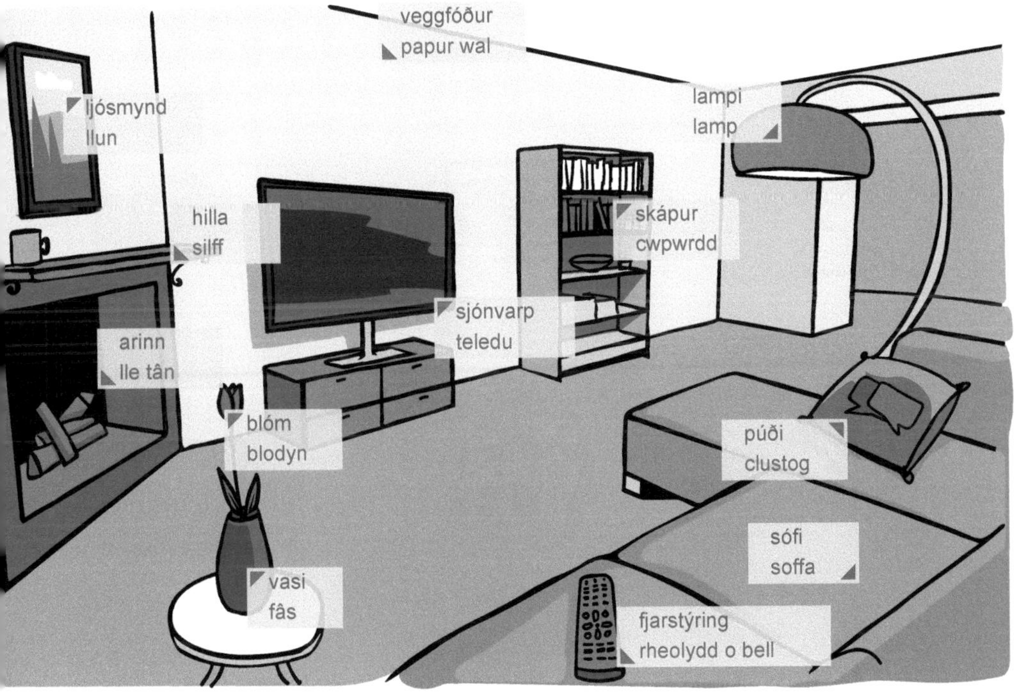
veggfóður
papur wal
ljósmynd
llun
lampi
lamp
hilla
silff
skápur
cwpwrdd
sjónvarp
teledu
arinn
lle tân
blóm
blodyn
púði
clustog
sófi
soffa
vasi
fâs
fjarstýring
rheolydd o bell

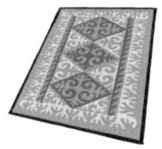

teppi

carped

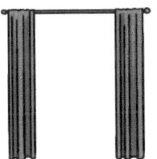

gardínur

llen

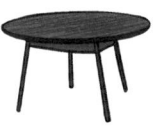

borð

bwrdd

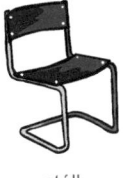

stóll

cadair

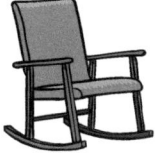

ruggustóll

cadair siglo

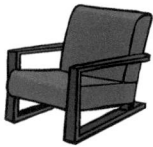

hægindastóll

cadair freichiau

bók

llyfr

sæng

blanced

skraut

addurn

eldiviður

coed tân

mynd

ffilm

hljómflutningstæki

hi-fi

lykill

agoriad

dagblað

papur newydd

málverk

darlun

veggspjald

poster

útvarp

radio

minnisbók

llyfr nodiadau

ryksuga

hwfer

kaktus

cactws

kerti

cannwyll

eldhús
cegin

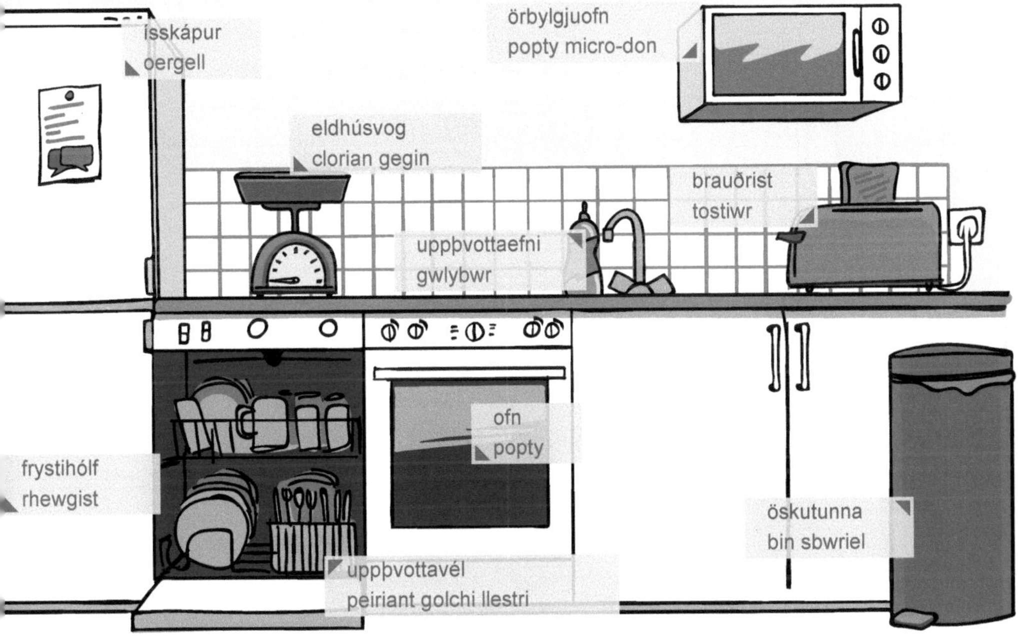

ísskápur
oergell
örbylgjuofn
popty micro-don
eldhúsvog
clorian gegin
brauðrist
tostiwr
uppþvottaefni
gwlybwr
ofn
popty
frystihólf
rhewgist
öskutunna
bin sbwriel
uppþvottavél
peiriant golchi llestri

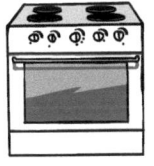

eldavél

popty

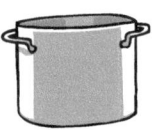

pottur

pot

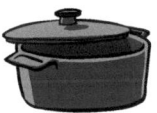

steypujárnspottur

pot haearn bwrw

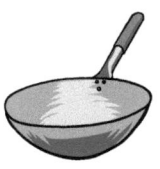

wok/kadai

wok / kadai

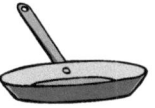

panna

padell

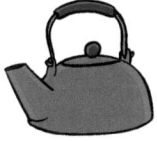

ketill

tegell

gufukarfa
sosban stemio

ofnform
hambwrdd pobi

leirtau
llestri

mál
mwg

skál
powlen

prjónar
gweill bwyta

ausa
lletwad

spaði
ysbodol

pískur
chwisg

sigti
hidlydd

málmsigti
gogr

rifjárn
gratiwr

mortél
morter

grill
barbeciw

opinn eldur
tân agored

skurðarbretti

bwrdd torri cig

kökukefli

rholbren

tappatogari

tynnwr corcyn

dós

tun

dósaopnari

peth agor tuniau

pottaleppur

clwt pot

vaskur

sinc

bursti

brws

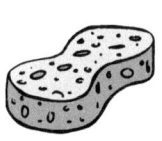

svampur

sbwng

blandari

peiriant cymysgu

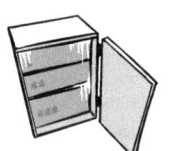

frystir

rhewgell

peli

potel babi

blöndunartæki

tap

baðherbergi
ystafell ymolchi

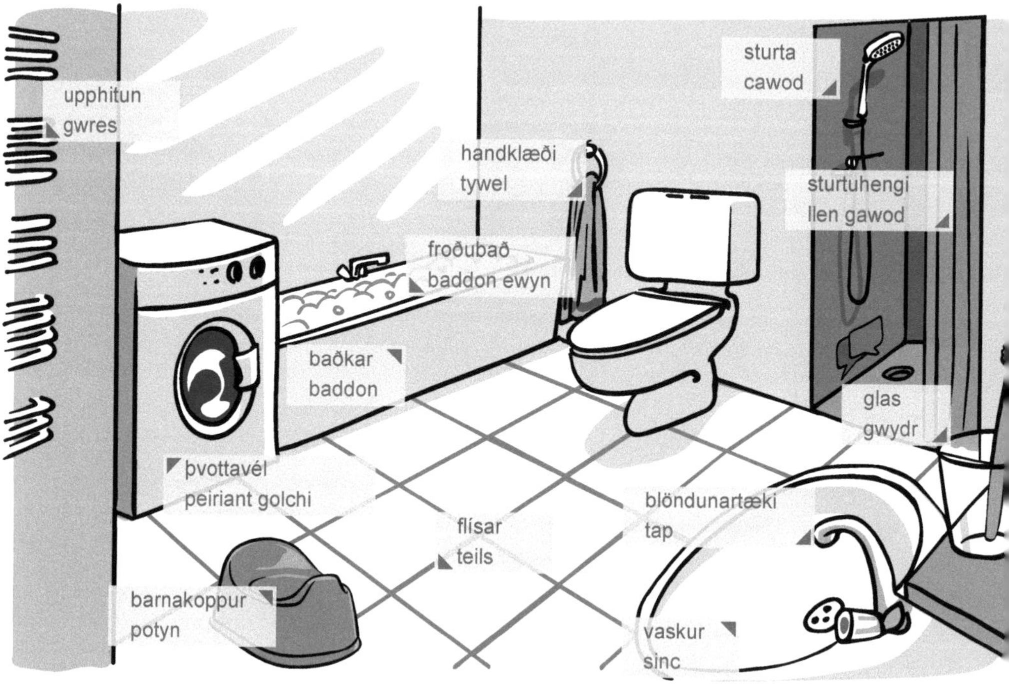
upphitun
gwres
sturta
cawod
handklæði
tywel
sturtuhengi
llen gawod
froðubað
baddon ewyn
baðkar
baddon
glas
gwydr
þvottavél
peiriant golchi
blöndunartæki
tap
flísar
teils
barnakoppur
potyn
vaskur
sinc

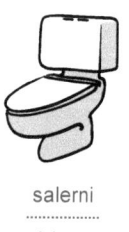

salerni

tŷ bach

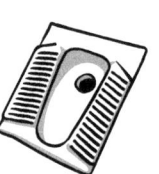

salerni án setu

toiled cyrcydu

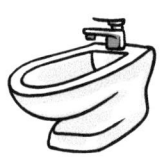

skolskál

bidet

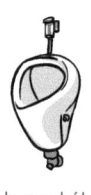

þvagskál

troethfa

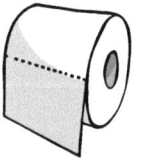

salernispappír

papur tŷ bach

salernisbursti

brws tŷ bach

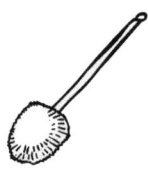

tannbursti

brws dannedd

tannkrem

past dannedd

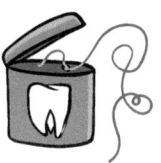

tannþráður

edau ddannedd

þvo

golchi

handsturta

cawod llaw

salernissturta

golchfa

vaskur

basn

bakbursti

brws-ôl

sápa

sebon

sturtugel

gel cawod

sjampó

siampŵ

flannel

gwlanen

niðurfall

ffos

krem

hufen

svitalyktareyðir

diaroglydd

spegill

drych

handspegill

drych llaw

rakskafa

rasel

raksápa

ewyn eillio

rakspíri

sent eillio

greiða

crib

bursti

brws

hárþurrka

sychwr gwallt

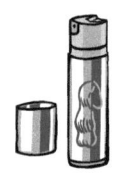

hársprey

chwistrell gwallt

farði

colur

varalitur

minlliw

naglalakk

farnais ewinedd

bómull

gwlân cotwm

naglaklippur

siswrn ewinedd

ilmvatn

persawr

þvottapoki

bag ymolchi

kollur

stôl

vog

clorian

sloppur

gŵn baddon

gúmmíhanskar

menig rwber

tíðatappi

tampon

dömubindi

tywel misglwyf

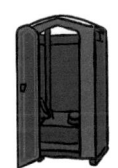

efnasalerni

toiled cemegol

barnaherbergi

ystafell plentyn

vekjaraklukka
cloc larwm
mjúkt leikfang
tegan anwes
leikfangabíll
car tegan
hrista
cleciwr
dúkkuhús
tŷ dol
gjöf
anrheg

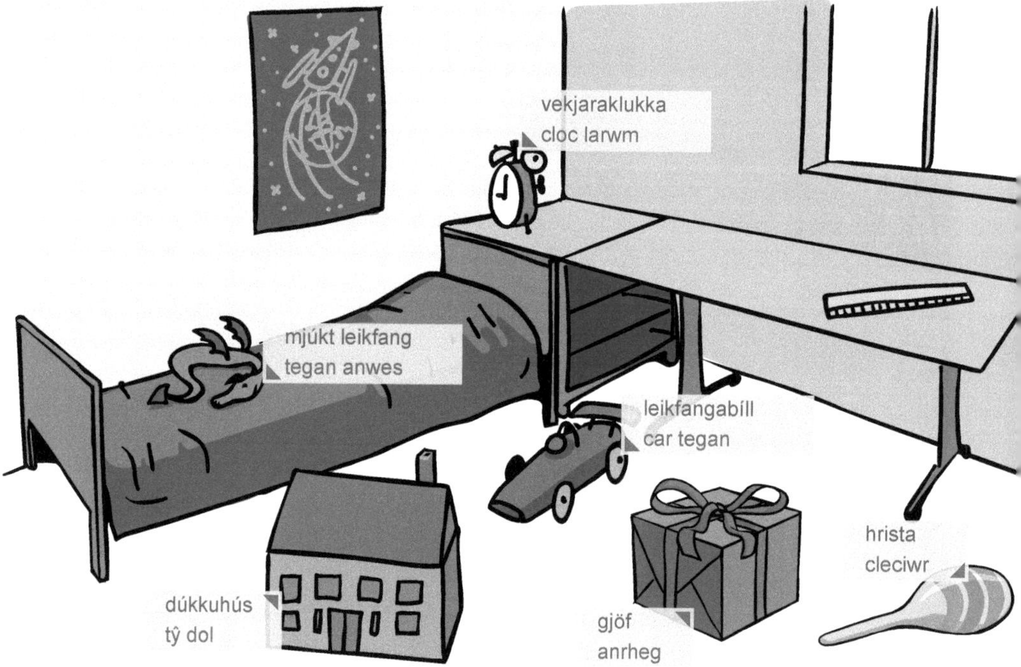

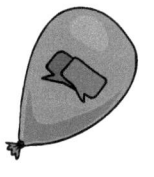

blaðra

balŵn

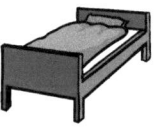

rúm

gwely

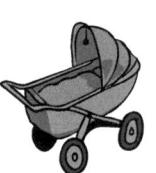

barnavagn

pram

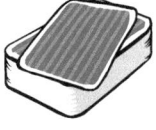

spilastokkur

pecyn o gardiau

púsluspil

jig-so

SUPER MEGA

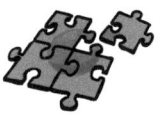

myndasaga

comic

legókubbar

brics Lego

leikfangakubbar

blociau adeiladu

leikfangakall

ffigur gweithredu

samfestingur

babygro

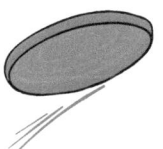

Frisbídiskur

ffrisbi

órói

ffôn symudol

spilaborð

gêm fwrdd

teningar

deis

lestarlíkan

set model trên

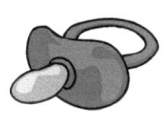

snuð

teth lwgu

veisla

parti

myndabók

llyfr lluniau

bolti

pêl

brúða

dol

spila

chwarae

sandkassi

pwll tywod

sveifla

swing

leikföng

teganau

leikjatölva

consol gemau fideo

þríhjól

beic tair olwyn

bangsi

tedi

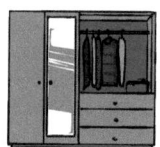

fataskápur

cwpwrdd dillad

föt

dillad

sokkar

hosanau

kvensokkabuxur

hosanau

sokkabuxur

teits

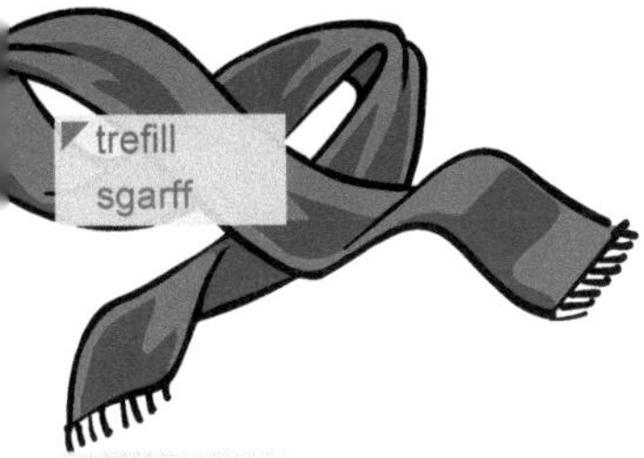

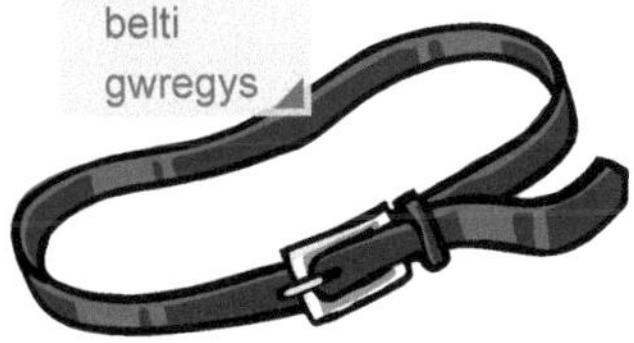

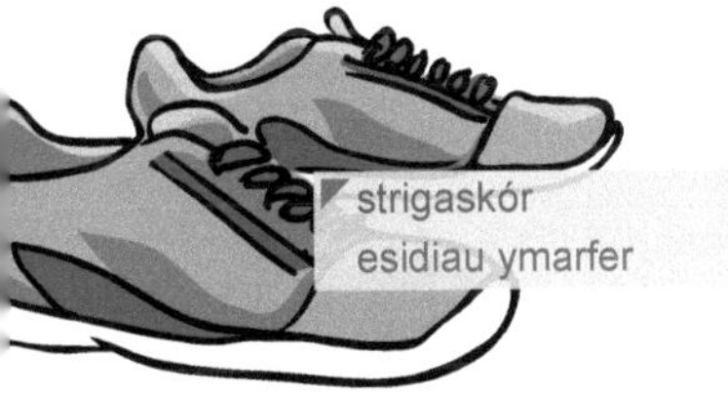

trefill
sgarff

regnhlíf
ymbarél

belti
gwregys

stuttermabolur
crys-t

strigaskór
esidiau ymarfer

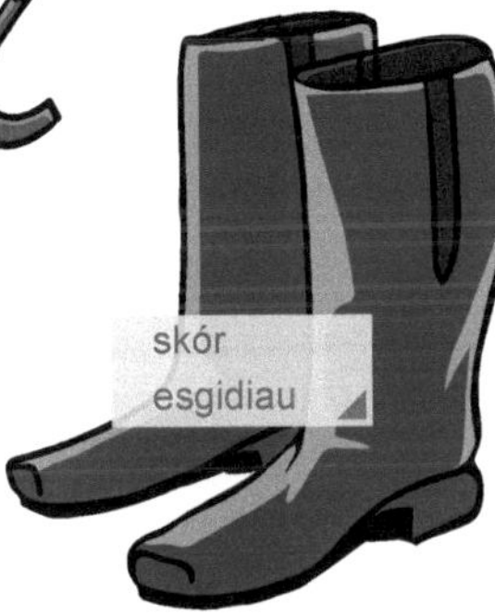

skór
esgidiau

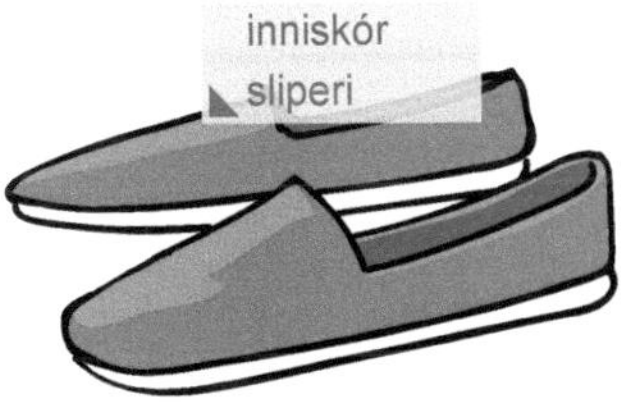

inniskór
sliperi

sandalar
sandalau

skór
esgidiau

gúmmístígvél
esgidiau rwber

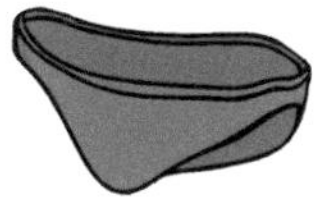

nærbuxur
tróns

brjóstahaldari
bra

vesti
fest

samfella

corff

buxur

trowsus

gallabuxur

jîns

pils

sgert

blússa

blows

skyrta

crys

peysa

pwlofer

hettupeysa

hwdi

jakki

blaser

jakki

siaced

frakki

côt

regnfrakki

côt law

dragt

gwisg

kjóll

gŵn

brúðarkjóll

gwisg briodas

jakkaföt

siwt

náttkjóll

gŵn nos

náttföt

pyjamas

Sari

sari

höfuðslæða

sgarff pen

túrban

tyrban

búrka

bwrca

kaftan

cafftan

abaya

abaya

sundföt

gwisg nofio

sundbuxur

trowsus nofio

stuttbuxur

siorts

íþróttagalli

tracwisg

svunta

ffedog

hanskar

menig

hnappur

botwm

gleraugu

sbectol

armband

breichled

hálsmen

cadwyn

hringur

modrwy

eyrnalokkur

clustdlws

húfa

cap

herðatré

cambren

hattur

het

bindi

tei

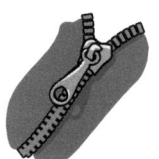

rennilás

sip

hjálmur

helmed

axlabönd

fframiau danedd

skólabúningur

gwisg ysgol

einkennisbúningur

gwisg

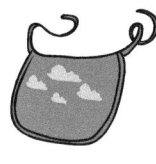

smekkur

bib

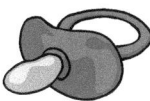

snuð

teth lwgu

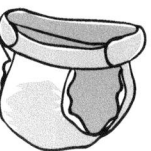

bleyja

cewyn

skrifstofa
swyddfa

netþjónn
gweinydd
skjalaskápur
cwrpwrdd ffeilio
prentari
argraffydd
pappír
papur
skjár
monitor
skrifborð
desg
mús
llygoden
mappa
ffolder
lyklaborð
bysellfwrdd
ruslakarfa
basged papur gwastraff
tölva
cyfrifiadur
stóll
cadair

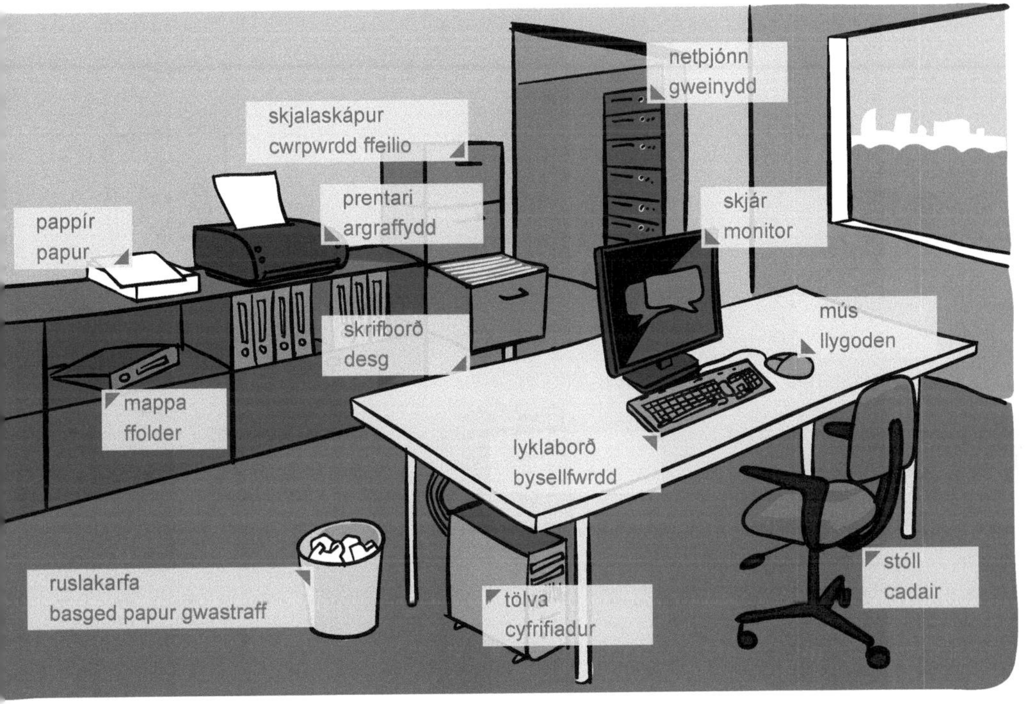

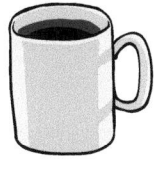

kaffibolli

mwg coffi

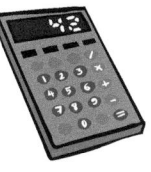

reiknivél

cyfrifiannell

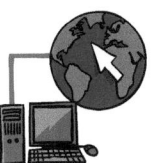

internet

rhyngrwyd

fartölva
gliniadur

bréf
llythyr

skilaboð
neges

farsími
ffôn symudol

net
rhwydwaith

ljósritunarvél
llungopïwr

hugbúnaður
meddalwedd

sími
teleffon

innstunga
soced plwg

faxtæki
peiriant ffacs

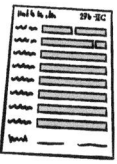

eyðublað
ffurflen

skjal
dogfen

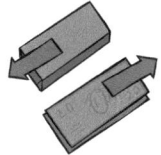

kaupa

prynu

borga

talu

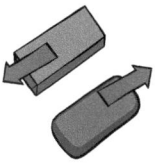

versla

masnachu

peningar

arian

dollari

doler

evra

ewro

jen

yen

rúbla

rwbl

svissneskur franki

ffranc y Swistir

renminbi yuan

yuan renminbi

rúpíur

rwpi

hraðbanki

peiriant arian

gjaldeyrisskipti

swyddfa gyfnewid

gull

aur

silfur

arian

olía

olew

orka

ynni

verð

pris

samningur

contract

skattur

treth

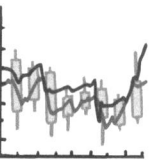

hlutabréf

stoc

vinna

gweithio

starfsmaður

cyflogai

vinnuveitandi

cyflogwr

verksmiðja

ffatri

búð

siop

lögreglumaður
swyddog heddlu

slökkviliðsmaður
diffoddwr tân

kokkur
cogydd

læknir
meddyg

flugmaður
peilot

garðyrkjumaður

garddwr

smiður

saer

saumakona

gwniadwraig

dómari

barnwr

lyfjafræðingur

fferyllydd

leikari

actor

strætóbílstjóri

gyrrwr bws

leigubílstjóri

gyrrwr tacsi

sjómaður

pysgotwr

ræstitæknir

glanhawraig

þaksmiður

töwr

þjónn

gweinydd

veiðimaður

heliwr

málari

paentiwr

bakari

pobydd

rafvirki

trydanwr

byggingaverkamaður

adeiladwr

verkfræðingur

peiriannydd

slátrari

cigydd

pípari

plymiwr

póstmaður

dyn y post

hermaður
....
milwr

arkitekt
....
pensaer

gjaldkeri
....
ariannwr

blómasali
....
gwerthwr blodau

hárgreiðslumaður
....
triniwr gwallt

lestarstjóri
....
archwiliwr tocynnau
rheilffordd

vélvirki
....
mecanydd

skipstjóri
....
capten

tannlæknir
....
deintydd

vísindamaður
....
gwyddonydd

rabbíi
....
rabi

Imam
....
imam

prestur
....
clerigwr

munkur
....
mynach

starfsgreinar - swyddi

verkfæri
offer

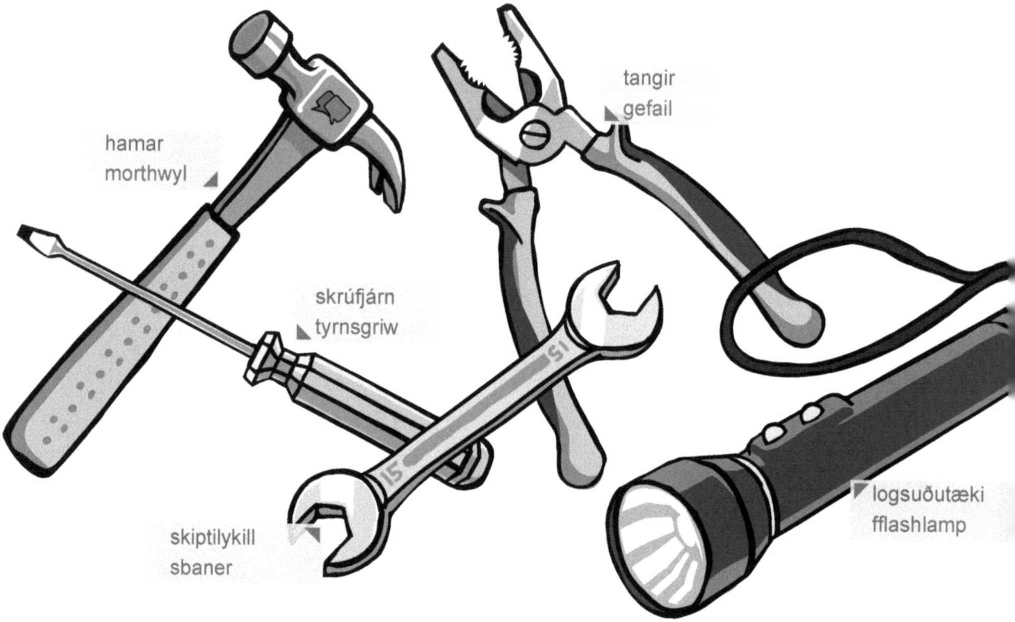

hamar
morthwyl
tangir
gefail
skrúfjárn
tyrnsgriw
skiptilykill
sbaner
logsuðutæki
fflashlamp

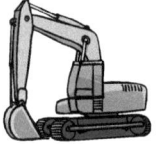

grafa

turiwr

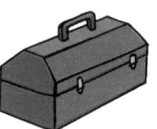

verkfærataska

blwch offer

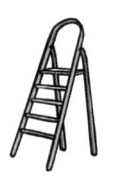

stigi

ysgol

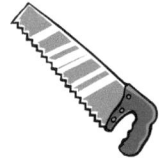

sög

llif

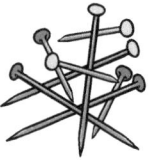

naglar

hoelion

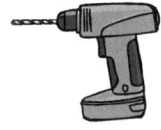

bor

dril

gera við
trwsio

skófla
rhaw

Fjandinn!
Daria!

fægiskófla
rhaw lwch

málningarfata
pot paent

skrúfur
sgriwiau

hljóðfæri
offerynnau cerdd

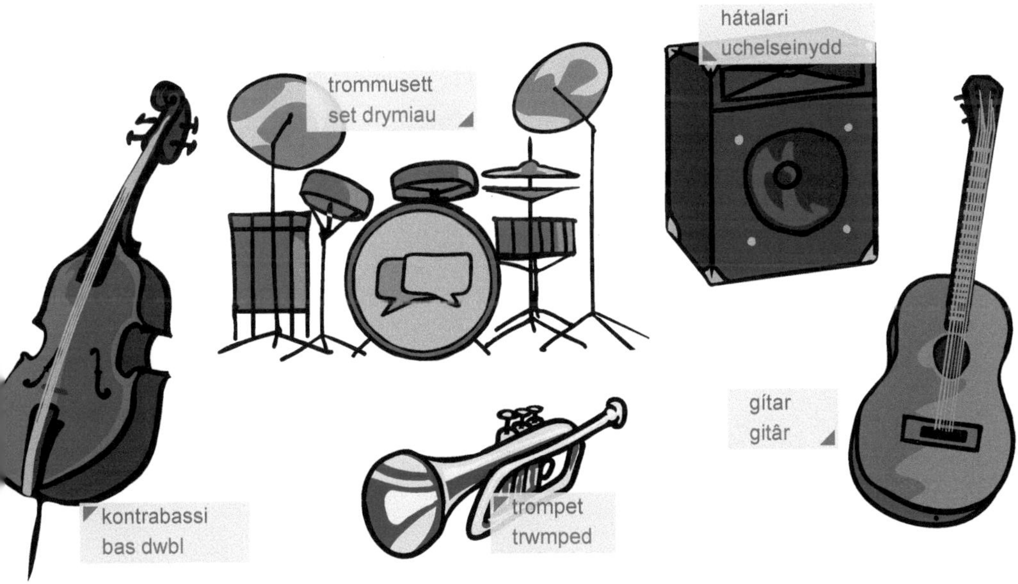

hátalari
uchelseinydd

trommusett
set drymiau

gítar
gitâr

kontrabassi
bas dwbl

trompet
trwmped

píanó

piano

fiðla

ffidil

bassi

bas

pákur

timpani

trommur

drymiau

hljómborð

cyweirfwrdd

saxófónn

sacsoffon

flauta

ffliwt

hljóðnemi

meicroffon

dýragarður
sŵ

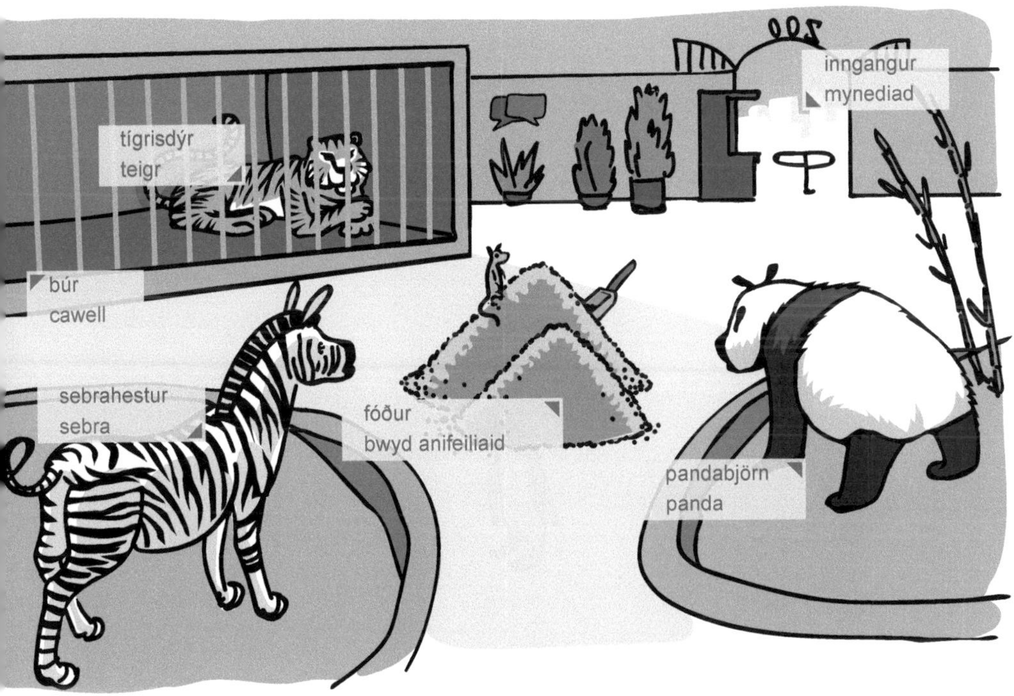

inngangur
mynediad
tígrisdýr
teigr
búr
cawell
sebrahestur
sebra
fóður
bwyd anifeiliaid
pandabjörn
panda

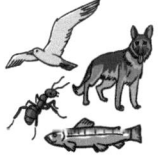

dýr

anifeiliaid

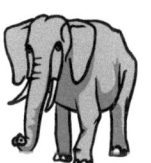

fíll

eliffant

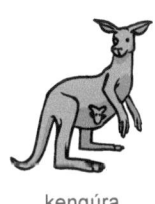

kengúra

cangarŵ

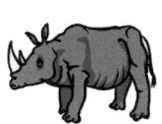

nashyrningur

rhinoseros

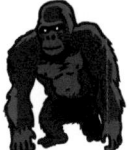

górilla

gorila

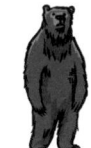

skógarbjörn

arth

úlfaldi
camel

strútur
estrys

ljón
llew

api
mwnci

flamingó
fflamingo

páfagaukur
parot

ísbjörn
arth wen

mörgæs
pengwin

hákarl
siarc

páfugl
paun

snákur
neidr

krókódíll
crocodeil

dýragarðsvörður
gofalwr sŵ

selur
morlo

jagúar
jagwar

hestur
merlyn

hlébarði
llewpard

flóðhestur
hipo

gíraffi
jiráff

örn
eryr

villisvín
baedd

fiskur
pysgodyn

skjaldbaka
crwban

rostungur
walrws

refur
llwynog

gasella
gafrewig

Ameríkur fótbolti
pêl-droed America

hjólreiðar
beicio

tennis
tennis

körfubolti
pêl-fasged

sund
nofio

hnefaleikar
bocsio

íshokkí
hoci iâ

fótbolti

pêl-droed

hnit

badminton

frjálsar íþróttir

athletau

handbolti

pêl-law

skíði

sgïo

póló

polo

hlæja
chwerthin

hoppa
neidio

faðma
cofleidio

ganga
cerdded

syngja
canu

dreyma
breuddwydio

biðja
gweddïo

kyssa
cusanu

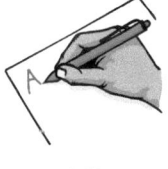

skrifa

ysgrifennu

teikna

tynnu

sýna

dangos

ýta

gwthio

gefa

rhoi

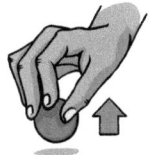

taka

cymryd

hafa
bod gan

gera
gwneud

vera
bod

standa
sefyll

hlaupa
rhedeg

draga
tynnu

kasta
taflu

detta
disgyn

ljúga
gorwedd

bíða
aros

bera
cario

sitja
eistedd

klæða sig
gwisgo amdanoch

sofa
cysgu

vakna
deffro

líta á
edrych ar

gráta
crïo

strjúka
anwesu

greiða
cribo

tala
siarad

skilja
deall

spyrja
gofyn

hlusta
gwrando

drekka
yfed

borða
bwyta

taka til
tacluso

elska
caru

elda
coginio

keyra
gyrru

fljúga
hedfan

sigla
hwylio

reikna
cyfrifo

lesa
darllen

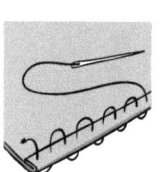

læra
dysgu

vinna
gweithio

giftast
priodi

sauma
gwnïo

bursta tennur
brwsio dannedd

drepa
lladd

reykja
ysmygu

senda
anfon

fjölskylda
teulu

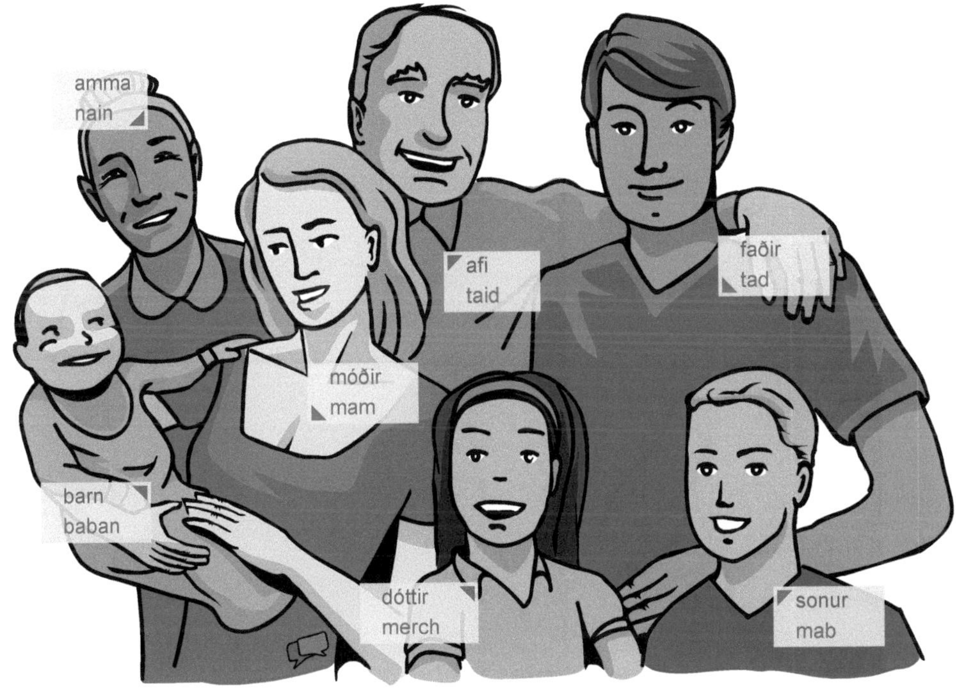
amma
nain
afi
taid
faðir
tad
móðir
mam
barn
baban
dóttir
merch
sonur
mab

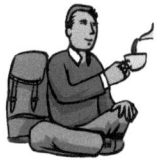

gestur

gwestai

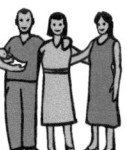

frænka

modryb

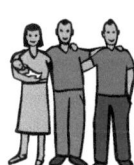

frændi

ewythr

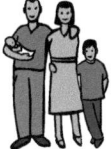

bróðir

brawd

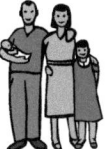

systir

chwaer

líkami

corff

enni
talcen
auga
llygad
öxl
ysgwydd
fingur
bys
andlit
wyneb
haka
gên
hönd
llaw
brjóst
bron
fótleggur
coes
handleggur
braich

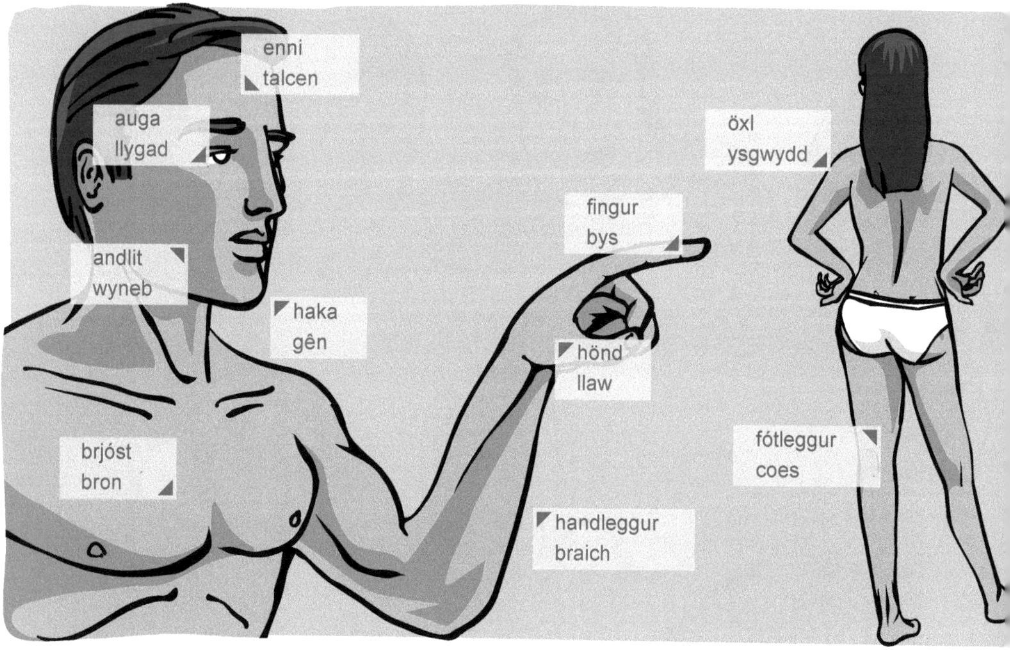

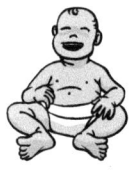

barn

baban

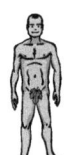

maður

dyn

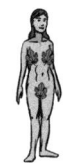

kona

gwraig

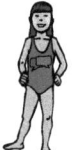

stúlka

geneth

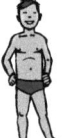

drengur

bachgen

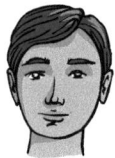

höfuð

pen

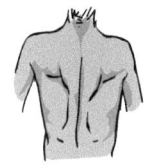

bak

cefn

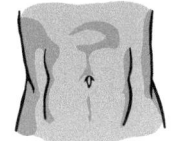

kviður

bel

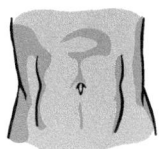

nafli

bogail

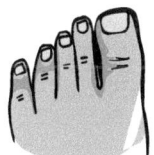

tá

bys troed

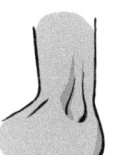

hæll

sawdl

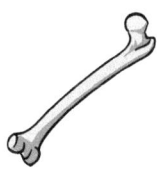

bein

asgwrn

mjöðm

clun

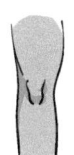

hné

pen-glin

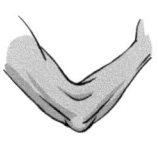

olnbogi

penelin

nef

trwyn

rass

pen ôl

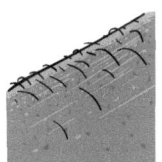

húð

croen

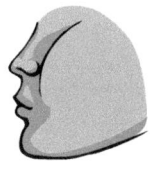

kinn

boch

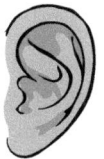

eyra

clust

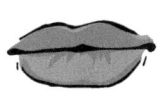

vör

gwefus

líkami - corff

munnur

ceg

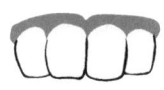

tönn

dant

tunga

tafod

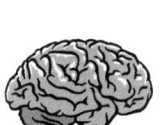

heili

ymennydd

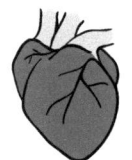

hjarta

calon

vöðvi

cyhyr

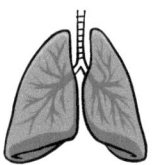

lunga

ysgyfaint

lifur

iau

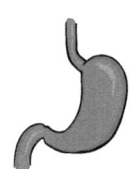

magi

stumog

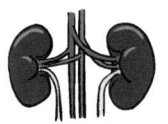

nýru

arennau

kynmök

rhyw

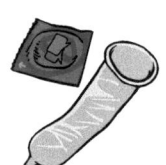

smokkur

condom

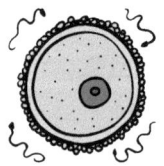

eggfruma

ofwm

sæði

semen

ólétta

beichiogrwydd

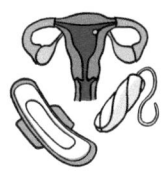

tíðir
....
mislif

leggöng
....
fagina

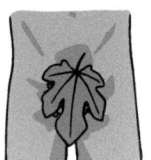

typpi
....
pidyn

augabrún
....
ael

hár
....
gwallt

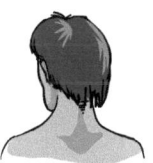

háls
....
gwddf

líkami - corff

sjúkrahús
ysbyty

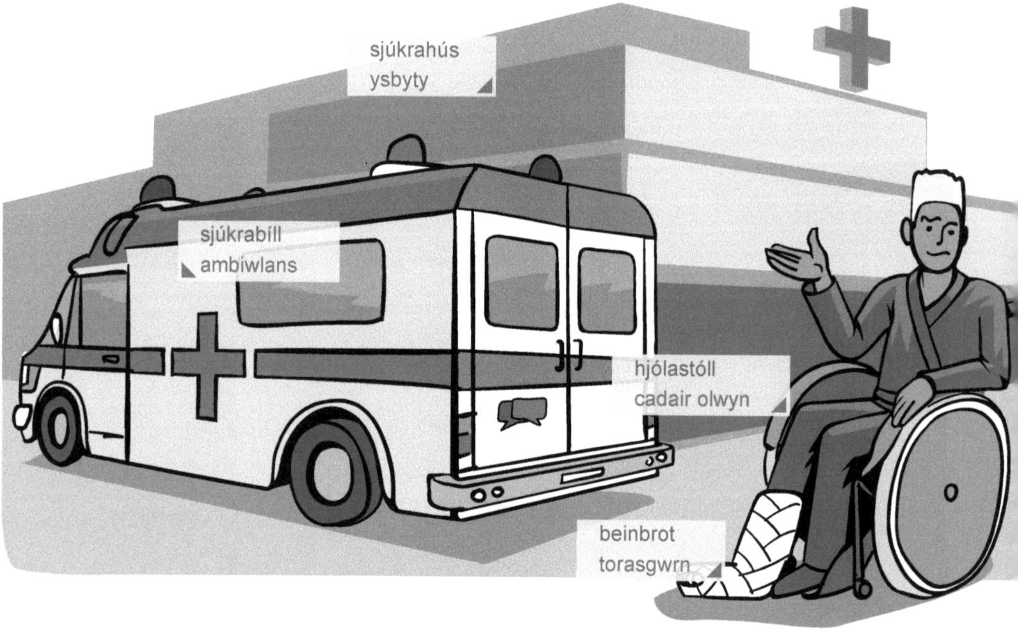

sjúkrahús
ysbyty
sjúkrabíll
ambiwlans
hjólastóll
cadair olwyn
beinbrot
torasgwrn

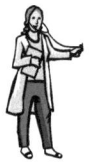

læknir

meddyg

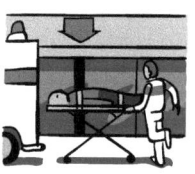

bráðamóttaka

ystafell argyfwng

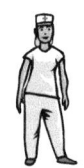

hjúkrunarfræðingur

nyrs

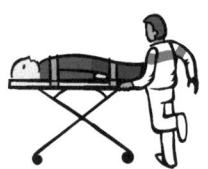

neyðartilvik

argyfwng

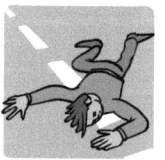

meðvitundarlaus

anymwybodol

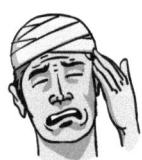

verkir

poen

meiðsli

anaf

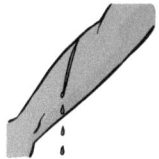

blæðing

gwaedu

hjartaáfall

trawiad ar y galon

heilablóðfall

strôc

ofnæmi

alergedd

hósti

peswch

hiti

twymyn

flensa

ffliw

niðurgangur

dolur rhydd

höfuðverkur

cur pen

krabbamein

canser

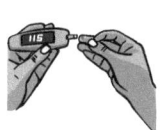

sykursýki

diabetes

skurðlæknir

llawfeddyg

skurðhnífur

fflaim

aðgerð

gweithrediad

sneiðmyndataka

CT

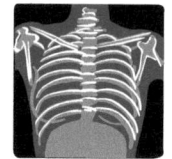

röntgengeisli

pelydr-x

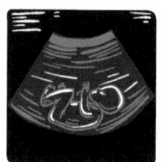

ómskoðun

uwchsain

andlitsgríma

mwgwd wyneb

sjúkdómur

clefyd

biðstofa

ystafell aros

hækja

bagl

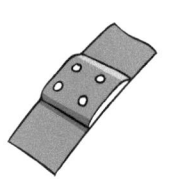

gifs

plastr

sáraumbúðir

rhwymyn

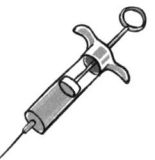

sprauta

pigiad

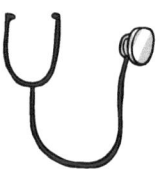

hlustunarpípa

stethosgop

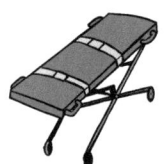

börur

elorwely

líkamshitamælir

thermomedr clinigol

fæðing

genedigaeth

yfirvigt

dros bwysau

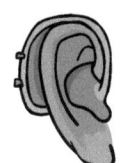

heyrnartæki

cymorth clyw

sótthreinsiefni

diheintydd

sýking

haint

veira

firws

HIV / AIDS

HIV / AIDS

lyf

meddygaeth

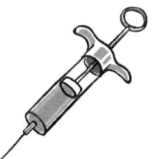

bólusetning

brechiad

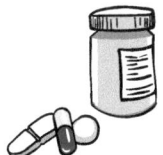

töflur

tabledi

pilla

y bilsen

neyðarsímtal

galwad frys

blóðþrýstingsmælir

monitor pwysau gwaed

lasinn / heilbrigður

yn sâl / yn iach

Hjálp!

Help!

viðvörun

larwm

líkamsárás

ymosodiad

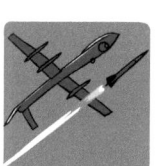

árás

ymosodiad

hætta

perygl

neyðarútgangur

allanfa argyfwng

Eldur!

Tân!

slökkvitæki

diffoddwr tân

slys

damwain

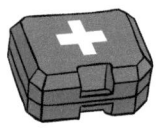

skyndihjálparbúnaður

pecyn cymorth cyntaf

SOS

SOS

lögregla

heddlu

Evrópa

Ewrop

Norður-Ameríka

Gogledd America

Suður-Ameríka

De America

Afríka

Affrica

Asía

Asia

Ástralía

Awstralia

Atlantshaf

Iwerydd

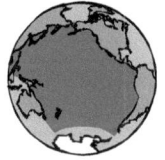

Kyrrahaf

y Môr Tawel

Indlandshaf

Cefnfor yr India

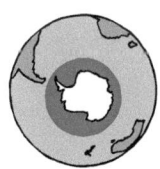

Suður-Íshaf

Cefnfor yr Antarctig

Norður-Íshaf

Cefnfor yr Arctig

Norðurpóll

Pegwn y Gogledd

Suðurpóll

Pegwn y De

Suðurskautslandið

Antarctica

Jörð

y Ddaear

land

tir

sjór

môr

eyja

ynys

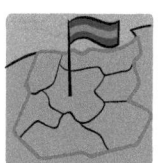

þjóð

cenedl

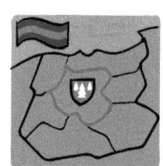

ríki

gwladwriaeth

klukkuskífa

wyneb cloc

litli vísir

bys awr

stóri vísir

bys munud

sekúnduvísir

bys eiliad

Hvað er klukkan?

Faint o'r gloch yw hi?

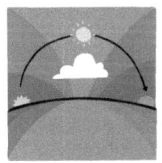

dagur

dydd

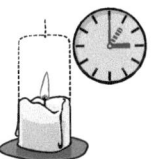

tími

amser

nú

yn awr

tölvuúr

cloc digidol

mínúta

munud

klukkustund

awr

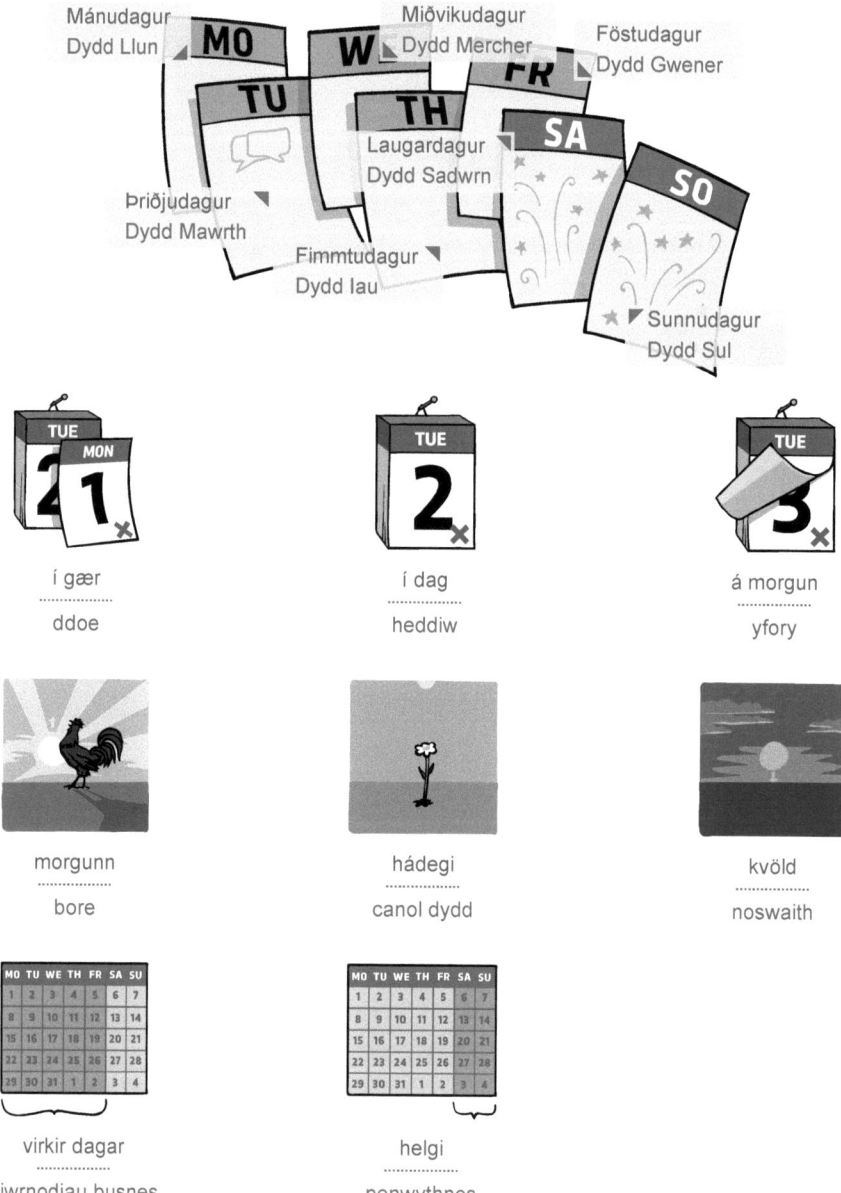

Mánudagur Dydd Llun — MO

Miðvikudagur Dydd Mercher — W

Föstudagur Dydd Gwener — FR

Þriðjudagur Dydd Mawrth — TU

Fimmtudagur Dydd Iau — TH

Laugardagur Dydd Sadwrn — SA

Sunnudagur Dydd Sul — SO

í gær
ddoe

í dag
heddiw

á morgun
yfory

morgunn
bore

hádegi
canol dydd

kvöld
noswaith

virkir dagar
diwrnodiau busnes

helgi
penwythnos

ár
blwyddyn

regnbogi
enfys
rigning
glaw
snjór
eira
vindur
gwynt
vor
gwanwyn
haust
hydref
sumar
haf
vetur
gaeaf

4.APRIL 11°
5.APRIL 4°
6.APRIL 13°
7.APRIL 8°
8.APRIL 10°

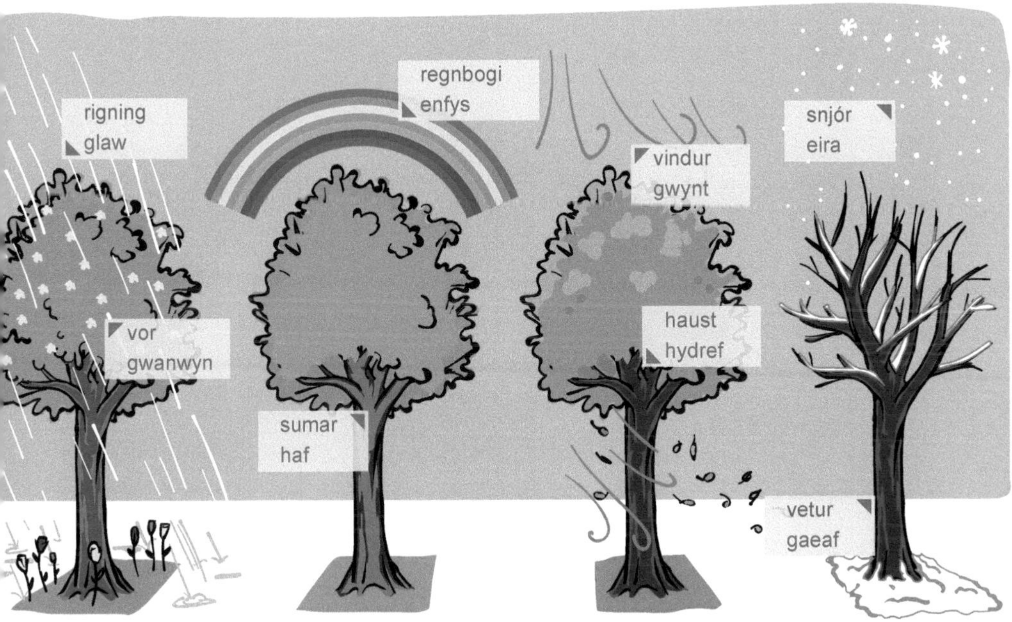

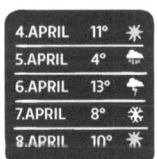

veðurspá

rhagolygon y tywydd

F C

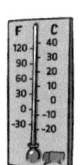

hitamælir

thermomedr

sólskin

heulwen

ský

cwmwl

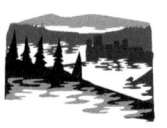

þoka

niwl tew

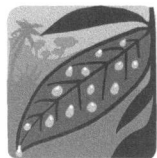

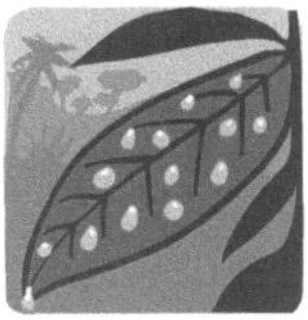

raki

lleithder

eldingar
....
mellt

þrumuveður
....
taranau

stormur
....
storm

haglél
....
cenllysg

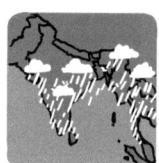

monsún
....
monsŵn

flóð
....
llif

ís
....
iâ

Janúar
....
Ionawr

Febrúar
....
Chwefror

Mars
....
Mawrth

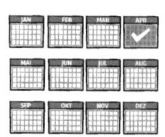

Apríl
....
Ebrill

Maí
....
Mai

Júní
....
Mehefin

Júlí
....
Gorffennaf

Ágúst
....
Awst

82   ár - blwyddyn

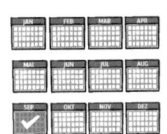

September
....
Medi

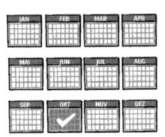

Október
....
Hydref

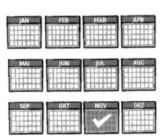

Nóvember
....
Tachwedd

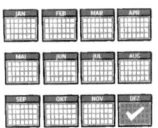

Desember
....
Rhagfyr

form
siapiau

hringur
....
cylch

ferningur
....
sgwâr

rétthyrningur
....
petryal

þríhyrningur
....
triongl

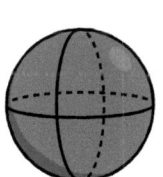

kúla
....
sffêr

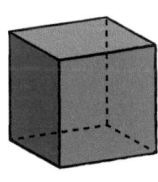

teningur
....
ciwb

hvítur

gwyn

gulur

melyn

appelsínugulur

oren

bleikur

pinc

rauður

coch

fjólublár

porffor

blár

glas

grænn

gwyrdd

brúnn

brown

grár

llwyd

svartur

du

mikið / lítið
....
llawer / ychydig

reiður / rólegur
....
dig / tawel

fallegur / ljótur
....
hardd / hyll

upphaf / endir
....
dechrau / diwedd

stór / lítill
....
mawr / bach

bjartur / dimmur
....
llachar / tywyll

bróðir / systir
....
brawd / chwaer

hreinn / óhreinn
....
glân / budr

heill / ófullnægjandi
....
gyflawn / anghyflawn

dagur / nótt
....
dydd / nos

dauður / lifandi
....
farw / yn fyw

breiður / mjór
....
eang / cul

ætur / óætur
bwytadwy / anfwytadwy

vondur / góður
drwg / caredig

spenntur / leiður
llawn cyffro / diflasu

feitur / mjór
tew / tenau

fyrstur / síðastur
cyntaf / olaf

vinur / óvinur
cyfaill / gelyn

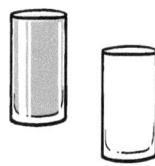

fullur / tómur
llawn / gwag

harður / mjúkur
caled / meddal

þungur / léttur
trwm / ysgafn

svangur / þyrstur
wedi newynnu / yn sychedig

lasinn / heilbrigður
yn sâl / yn iach

ólöglegur / löglegur
anghyfreithlon / cyfreithiol

greindur / heimskur
deallus / twp

vinstri / hægri
chwith / dde

nálægur / fjarlægur
agos / pell

nýr / notaður
....
wydd / wedi'i ddefnyddio

ekkert / eitthvað
....
dim / rhywbeth

gamall / ungur
....
hen / ifanc

kveikt / slökkt
....
ymlaen / i ffwrdd

opna / loka
....
ar agor / ar gau

Lágvær / hávær
....
tawel / uchel

ríkur / fátækur
....
cyfoethog / tlawd

rétt / rangt
....
cywir / anghywir

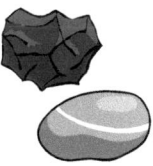

grófur / sléttur
....
garw / llyfn

rgbitinn / hamingjusamur
....
trist / hapus

stutt / lengi
....
byr / hir

hægt / hratt
....
araf / cyflym

blautur / þurr
....
gwlyb / sych

heitur / kaldur
....
cynnes / claear

stríð / friður
....
rhyfel / heddwch

0

núll

sero

1

einn

un

2

tveir

dau

3

þrír

tri

4

fjórir

pedwar

5

fimm

pump

6

sex

chwech

7

sjö

saith

8

átta

wyth

9

níu

naw

10

tíu

deg

11

ellefu

un deg un

12	**13**	**14**
tólf	þrettán	fjórtán
un deg dau	un deg tri	un deg pedwar

15	**16**	**17**
fimmtán	sextán	sautján
un deg pump	un deg chwech	un deg saith

18	**19**	**20**
átján	nítján	tuttugu
un deg wyth	un deg naw	dau ddeg

100	**1.000**	**1.000.000**
hundrað	þúsund	milljón
cant	mil	miliwn

Enska

Saesneg

Amerísk enska

Saesneg America

Mandarin-kínverska

Tsieinëeg Mandarin

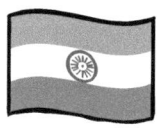

Hindí

Hindi

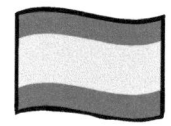

Spænska

Sbaeneg

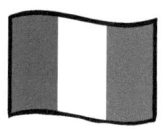

Franska

Ffrangeg

Arabíska

Arabeg

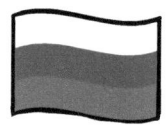

Rússneska

Rwseg

Portúgalska

Portiwgaleg

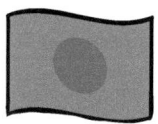

Bengali

Bengali

Þýska

Almaeneg

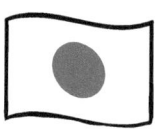

Japanska

Siapanaeg

ég

fi

þú

ti

hann / hún / það

ef / hi

við

ni

þú

chi

þeir

nhw

hver?

pwy?

hvað?

beth?

hvernig?

sut?

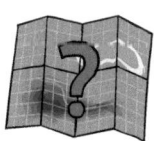

hvar?

ble?

hvenær?

pryd?

nafn

enw

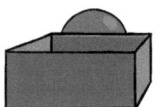

bakvið
....
y tu ôl i

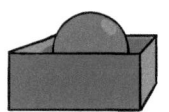

í
....
yn / yng / ym / mewn

fyrir framan
....
o flaen

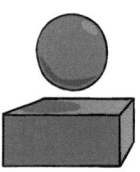

yfir
....
dros

á
....
ar

undir
....
dan

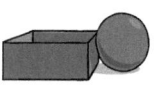

við hliðina
....
wrth ochr

milli
....
rhwng

sæti
....
lle